Vertebrados
Versátiles

Barbora Idesová
Marie Kotasová Adámková
Tom Velčovský

pípala

En el mundo hay muchas especies animales. Si contamos solo las que podemos encontrar, hay unos dos millones. Otras aún esperan ser descubiertas. Lamentablemente, algunas se han perdido para siempre. Científicos brillantes han agrupado a estos animales para ayudarnos a entenderlos mejor. Los vertebrados son el grupo más grande. Para ser un vertebrado se necesita un esqueleto, y este esqueleto debe tener un cráneo y una columna. Muchos animales diferentes entre sí son vertebrados, incluidos los humanos. Cuando le das un golpecito a alguien en la cabeza, el sonido que oyes viene de su cráneo. Cuando ves a alguien a quien le duele el cuello o la espalda, ese dolor viene de su columna vertebral. La columna está compuesta por vértebras que, si se mueven mal, pueden causar dolor. Los vertebrados se llaman así debido a sus vértebras.

Los humanos también somos mamíferos. Las crías de los mamíferos son amamantadas por sus madres. Todos los demás mamíferos también son vertebrados. Los vertebrados, a su vez, pueden ser aves, reptiles, anfibios, peces y peces cartilaginosos. Los peces cartilaginosos son vertebrados aunque sus esqueletos estén compuestos mayormente por cartílagos. ¡Podemos perdonarles esto porque existen hace más de 500 millones de años! Cuando aparecieron los primeros peces y peces cartilaginosos, el planeta Tierra era un único gran océano. Difícil de imaginar, ¿verdad? Aunque los peces y los peces cartilaginosos permanecieron en los océanos, hoy en día también nadan en lagos, ríos, arroyos y estanques. A algunos incluso les gustan los acuarios. Los anfibios son felices en el agua, en la tierra o debajo de ella. Algo parecido sucede con los reptiles. Las aves y los mamíferos hacen lo que quieren en todo tipo de lugares: en la tierra, debajo de ella, en el agua y en el aire. Lo que todas estas criaturas tienen en común es la respiración: necesitan oxígeno para vivir. También necesitan comida. Y deben reproducirse con cierta frecuencia.

Este libro no explica qué es lo que hace más felices a los humanos ni qué es lo más importante para la vida humana (esto no hace falta, porque los seres humanos ya sabemos muy bien estas cosas). En cambio, explica qué les gusta y qué no a otros vertebrados, y nos cuenta todas las cosas que pueden hacer. Si hay algo que quieras saber sobre los vertebrados pero no logras encontrarlo aquí, pregúntale a otro vertebrado: estará contento de responderte.

Peces cartilaginosos

Los peces cartilaginosos viven principalmente en mares y océanos, y rara vez abandonan el agua salada para nadar en aguas dulces. Los peces cartilaginosos tienen una cabeza, un tronco y aletas. Los peces también están formados por estas partes, aunque la mayoría de ellos tienen un esqueleto de huesos, mientras que los peces cartilaginosos tienen un esqueleto de cartílagos. Esta diferencia puede no ser muy evidente a simple vista.

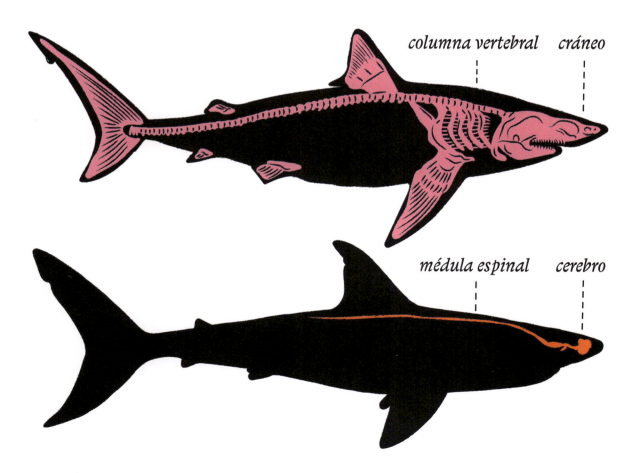

columna vertebral   *cráneo*

médula espinal   *cerebro*

tiburón blanco

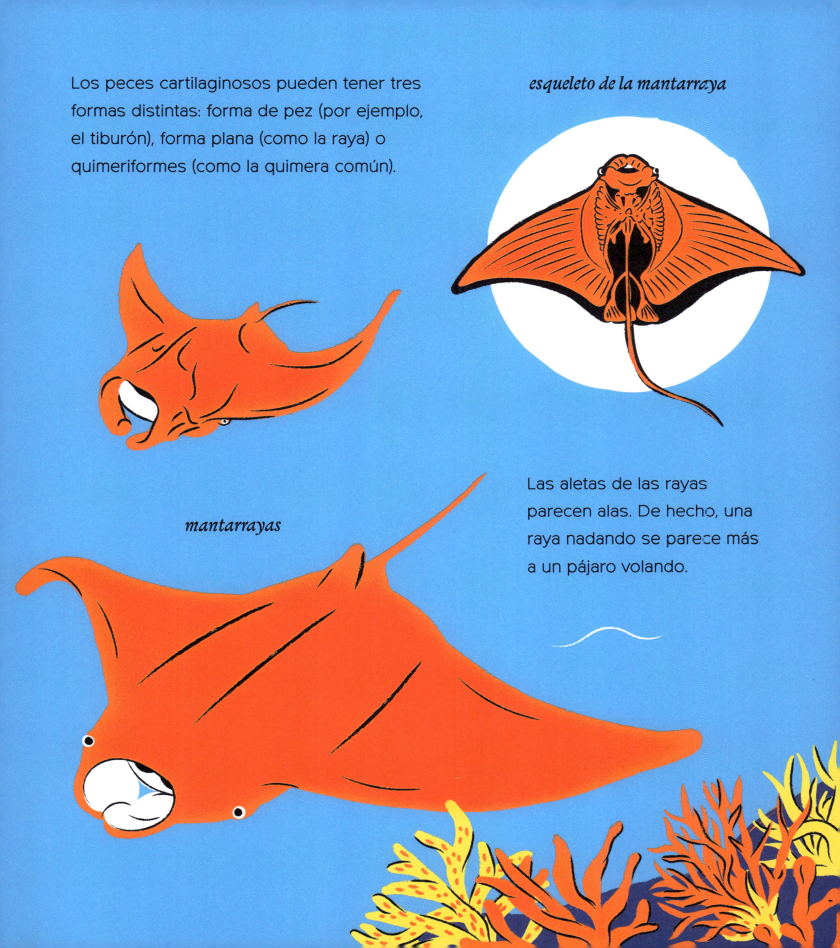

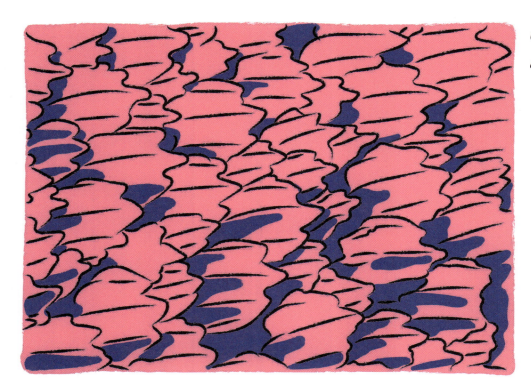

*escamas de tiburón
a través de un microscopio*

Los peces cartilaginosos tienen escamas duras y huesudas que parecen dientes. Estas escamas protegen su piel. Si acariciaras a un pez cartilaginoso desde la cabeza hasta la cola, lo sentirías suave. ¡Si intentaras pellizcarlo, te resultaría muy difícil!

Los tiburones son excelentes cazadores. Aunque no tienen buena vista, cuentan con un gran oído y un excelente olfato. Pueden sentir la presencia de su almuerzo a algunos kilómetros de distancia. Sus impresionantes ampollas de Lorenzini (derecha) pueden captar incluso las más débiles señales eléctricas emitidas por su presa. Uno de los rasgos más sorprendentes de estos animales es la línea lateral que tienen en el cuerpo: les indica a qué profundidad se encuentran y cuánta agua salada tienen alrededor.

ampollas de Lorenzini

línea lateral

9

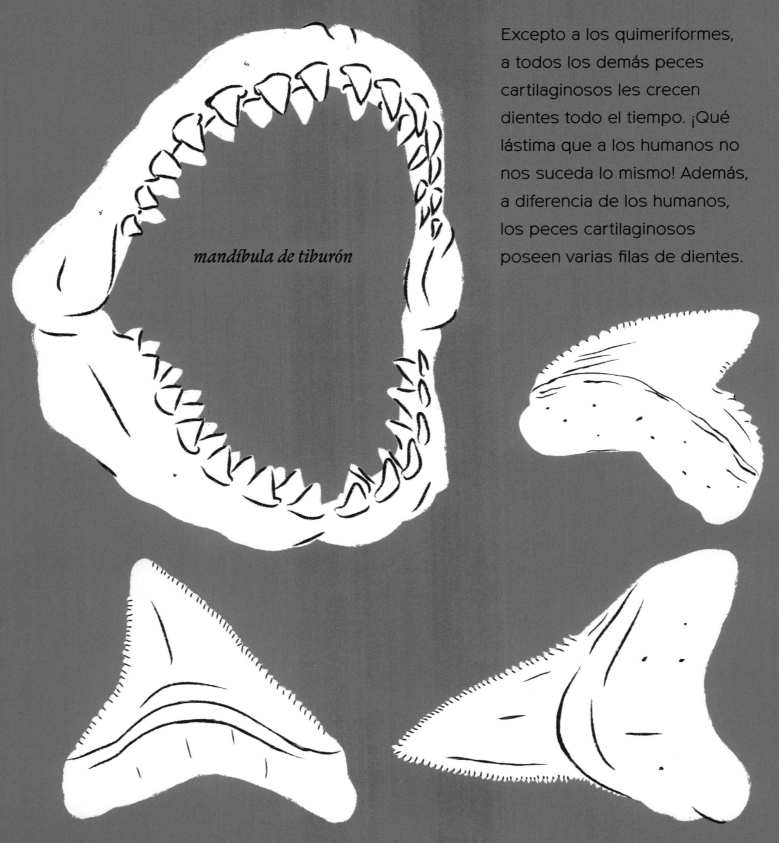

Excepto a los quimeriformes, a todos los demás peces cartilaginosos les crecen dientes todo el tiempo. ¡Qué lástima que a los humanos no nos suceda lo mismo! Además, a diferencia de los humanos, los peces cartilaginosos poseen varias filas de dientes.

mandíbula de tiburón

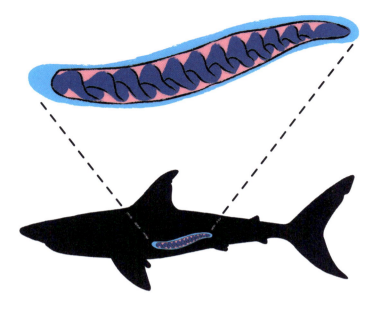

válvula espiral del tiburón

El tiburón tiene una válvula espiral especial en su estómago que lo ayuda a hacer la digestión. Como sus intestinos son mucho más cortos que los nuestros, su digestión es lenta. En su trasero hay una glándula especial que filtra la sal que traga junto con el agua de mar.

vista de las branquias

Los peces cartilaginosos obtienen el oxígeno del agua a través de sus branquias. Para poder respirar tienen que nadar mucho: las branquias funcionan como un filtro que les permite recolectar el oxígeno que hay en el agua.

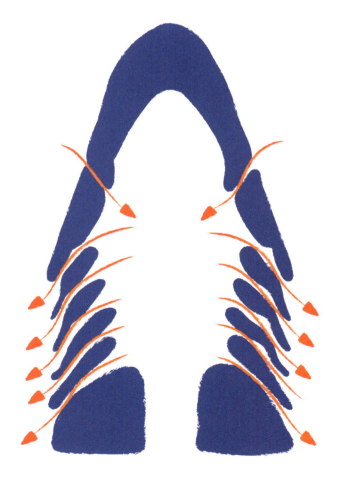

funcionamiento de las branquias

huevos de tiburón

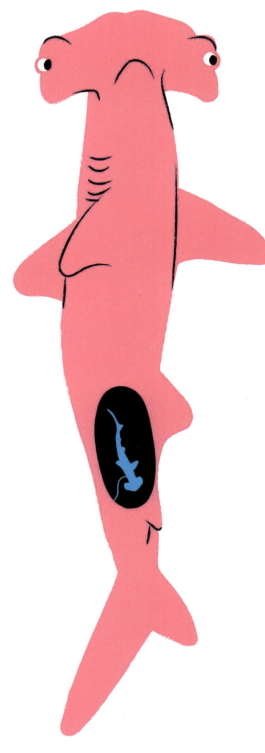

tiburón martillo gigante (hembra)

Los peces cartilaginosos nacen de diferentes maneras: algunos salen de huevos fuera del cuerpo de sus madres y otros dentro de él.

La raya eléctrica es una especie inusual dentro de los peces cartilaginosos porque no caza de la misma manera que la mayoría, que nadan tras su presa. Antes de devorar a su presa, la raya eléctrica le da una buena descarga de electricidad.

raya eléctrica

Peces

No todos los peces viven en el agua salada del mar (como los que están en la página siguiente). También podemos encontrarlos en el agua dulce de estanques y ríos. Al igual que los peces cartilaginosos, tienen una cabeza, un tronco y aletas. A diferencia de los peces cartilaginosos, no se clasifican a partir de su forma, porque son todos muy diferentes. Por ejemplo, un pez luna no se parece en nada a una anguila.

esqueleto de pez luna *esqueleto de morena (un tipo de anguila)*

Los peces también utilizan sus branquias para obtener oxígeno del agua, aunque estas branquias se encuentran en el interior de su cuerpo. Para inhalar, el pez llena su boca de agua. Para exhalar, empuja el agua hacia afuera a través de sus branquias.

funcionamiento de las branquias del samón

lucio

anguila

Algunos peces aprendieron a respirar de otra manera. El lucio, por ejemplo, puede almacenar oxígeno, lo que le permite respirar cuando tiene la boca llena de comida.

La anguila puede respirar a través de su piel, una característica que le permite permanecer durante horas en la tierra. Luego de un tiempo, debe regresar al agua para evitar secarse del todo.

laberinto

Este pequeño sujeto llamado luchador de Siam pertenece a la suborden de laberíntidos debido a su órgano respiratorio adicional, que se parece a un laberinto. Este órgano le permite obtener oxígeno directamente del aire de la superficie.

luchador de Siam

línea lateral

Los peces tienen barbas sensoriales. Estas les permiten probar el agua a su alrededor y medir su temperatura. Al igual que los peces cartilaginosos, tienen una línea lateral gracias a la cual pueden saber la fuerza de la corriente de agua. Aunque sus oídos estén escondidos, los peces pueden oír, y también ven a color. Los ojos de los peces tienen un líquido que les permite ver debajo del agua, como los humanos cuando vamos a bucear con las gafas puestas.

zonas sensoriales

cilios sensoriales

piel del pez a través de un microscopio

No deberíamos tocar a los peces. No porque sean babosos y escurridizos, sino porque podríamos lastimarlos. La lubricidad que poseen proviene de las glándulas que hay en su piel. Los peces agradecen esta baba porque protege su piel, que es sensible al peligro y a las bacterias, y evita que malhechores puedan agarrarlos entre sus manos.

Sus escamas óseas tienen una función protectora similar. Como podrás ver en la imagen de abajo, las escamas de los peces son diferentes según las especies. También notarás que estas tienen diferentes surcos. Como sucede con los anillos de los árboles, la cantidad de surcos crece a medida que pasa el tiempo, lo que nos permite saber la edad de los peces.

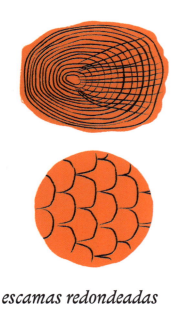

escamas redondeadas de peces de piel suave

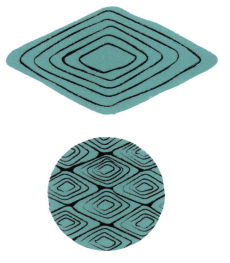

escamas romboidales de peces más evolucionados

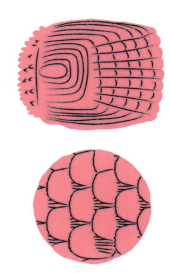

escamas placoideas de peces con espina dorsal afilada

Los huevos de los peces también son diferentes según las especies. Algunos simplemente esparcen sus huevos en el agua. Otros los pegan a una piedra o planta, y es de ahí de donde los pececitos (llamados alevines) nacen.

huevos con ojos

huevos en una piedra

Algunas madres peces llevan sus huevos en la panza. En el caso del caballito de mar, los huevos están al cuidado del padre; la madre los deposita en una cavidad dentro de la panza del padre, donde él los cuida hasta que crecen y salen al exterior.

caballito de mar (macho)

luchador de Siam y su nido flotante

El hecho de que obtenga el oxígeno del aire no es lo único extraño de los peces laberíntidos (de los que hablamos algunas páginas atrás). Los huevos que pone se pegan entre sí, lo que los hace parecer un nido flotante.

El rhodeus se preocupa tanto por sus huevos, que los esconde en una concha marina para protegerlos. Y para poder colocarlos de esta manera, utiliza un ovipositor.

rhodeus con ovipositor

Anfibios

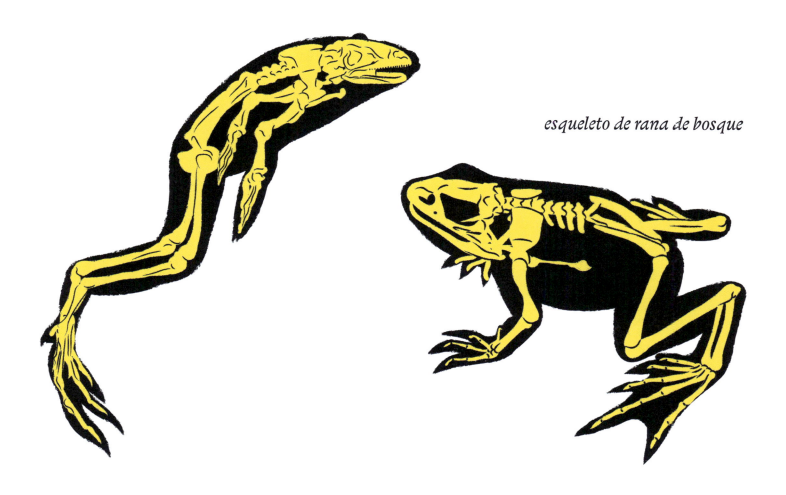

esqueleto de rana de bosque

Generalmente encontramos a los anfibios en la tierra, pero en ese caso siempre será sin sus crías: los anfibios pequeños permanecen en el agua y, como resultado de eso, se convierten en un tipo especial de vertebrado. Si quieres encontrar un anfibio, no lo busques en el agua salada del mar: los anfibios solo viven en agua dulce. Entre los anfibios se encuentran las ranas. Estas se pueden reconocer fácilmente por sus fuertes patas traseras, gracias a las cuales pueden dar grandes saltos.

Claro que hay algunas excepciones. Las cecilias no tienen patas; se arrastran sobre su cuerpo, que está recubierto por escamas con forma de anillos. A diferencia de las escamas de los peces, las de las cecilias no son óseas, sino que están mineralizadas. De todas formas, lo que tienes que recordar sobre las cecilias es que tienen escamas pero no tienen patas.

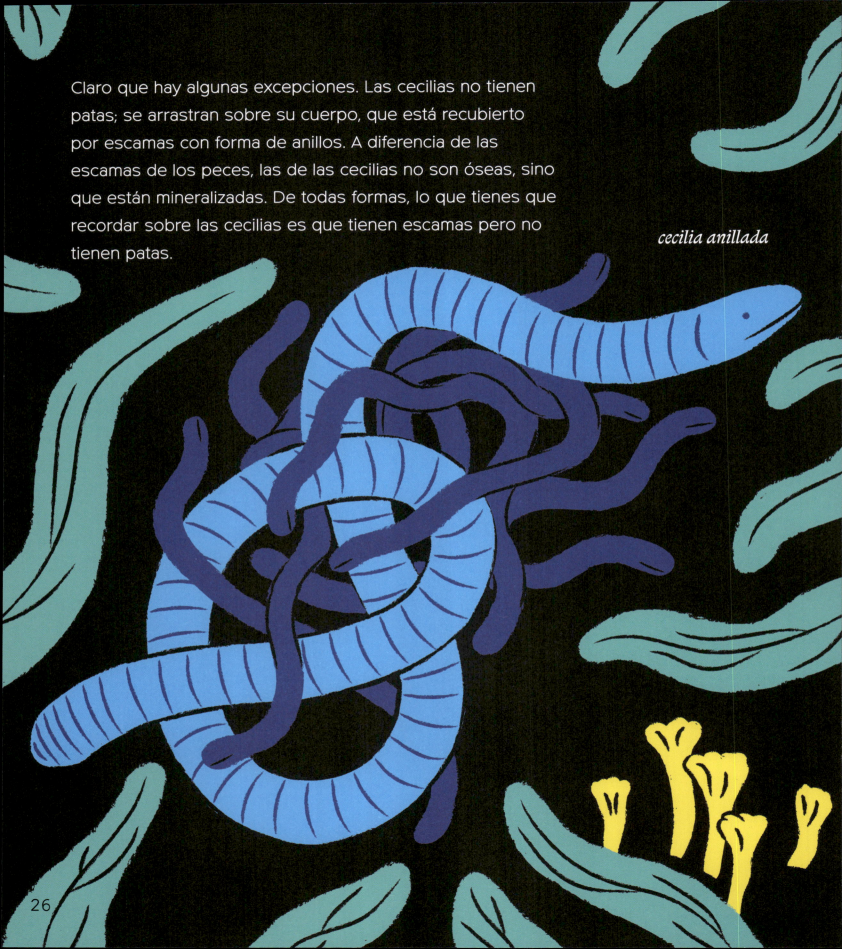

cecilia anillada

Ningún otro anfibio tiene escamas. La mayoría tiene cuatro dedos en sus patas delanteras y cinco en las traseras. La membrana que hay entre los dedos hace que los anfibios sean fantásticos nadadores. La fuerza de sus patas traseras los convierte en increíbles saltadores. Aquellos anfibios que viven en los árboles también tienen membranas entre los dedos de sus pies. Cuando saltan, estiran sus dedos membranosos como si fueran una vela, lo que les permite moverse con elegancia entre un árbol y otro.

ranas voladoras

Los anfibios respiran aire y absorben agua a través de su piel suave. Esta piel, que se renueva cada tanto, se mantiene húmeda gracias a sus glándulas subcutáneas.

*glándulas subcutáneas
a través de un microscopio*

salamandra

rana venenosa de dardo

Las salamandras y las ranas venenosas de dardo tienen glándulas venenosas en su piel. Mientras que la mayoría de estas glándulas no producen más que ardor, aquellas de la rana venenosa de dardo pueden provocar la muerte. Pero no hay que preocuparse: la ultra tóxica rana venenosa de dardo vive en la selva tropical. Además, tiene colores tan llamativos que no pasan desapercibidas, lo que permite que ¡huyamos a tiempo!

Los anfibios tienen sangre fría, de modo que las temperaturas heladas no son un problema para ellos. Cuando el tiempo comienza a estar más cálido, simplemente se descongelan. Qué manera tan extraña de hibernar, ¿no crees?

rana del bosque

rana del bosque (congelada)

Los anfibios ven a color y tienen muy buena vista. Las ranas incluso tienen un tercer ojo en la frente, aunque este ojo no tiene visión a color. Su función es la de medir cuánto brilla (o no) el sol.

cerebro de la rana con un tercer ojo

Los anfibios adultos respiran a través de su boca o de su piel. Los anfibios pequeños tienen que vivir en el agua para poder crecer. Como no pueden respirar debajo del agua por la boca ni por la piel, lo hacen a través de sus branquias. Las branquias de los anfibios pequeños no son como las de los peces o los peces cartilaginosos: se parecen más a unos bigotes.

branquias externas

axolotl

rana verde de ojos rojos

¿Alguna vez has escuchado a las ranas croar después de una tormenta? ¿Te has preguntado alguna vez por qué esas criaturas tan pequeñas hacen tanto ruido? Lo que escuchamos es el canto de las ranas macho avisando a las hembras que ha llegado el momento de poner sus huevos. Como ya sabes, los huevos necesitan estar en agua o en entornos con mucha humedad, algo que una buena tormenta proveerá.

saco vocal que amplifica el croar de las ranas

Los anfibios ponen sus huevos en el agua. Cuando eclosionan, nacen las larvas, que viven en el agua hasta convertirse en anfibios adultos. A partir de ese momento, también pueden respirar en tierra firme, y es por ese motivo que salen del agua. Los anfibios tienen un superpoder: pueden volver a crecerles las patas y la cola. El axolotl -la criatura roja de la página 32- es tan bueno en esto que nunca envejece: pasa toda su vida en el agua, con forma de larva porque, debido a una deficiencia hormonal, no llega a finalizar su metamorfosis. No es inmortal, ¡pero se mantiene siempre joven!

Una salamandra hembra pone sus huevos en el agua. Las larvas que salen de esos huevos crecen en el agua y se alimentan de todo lo que encuentran flotando en su camino, incluso larvas más pequeñas. Tres meses después de ese banquete se convierten en salamandras adultas. Cuando llegan a los 3 años, ya han alcanzaron su máximo desarrollo y pueden reproducirse. Una salamandra puede vivir 20 años en su hábitat natural y hasta 50 años en cautiverio.

Los huevos de la rana se desarrollan de manera similar a los de la salamandra. Las larvas de las ranas, llamadas renacuajos, tienen una cola que se va contrayendo de a poco. Los seres humanos también tenemos restos de una cola, allí donde termina la espalda. El renacuajo primero se alimenta de plantas, pero cuando crece come cualquier otra cosa. Le crecen las patas y se convierte en una rana adulta. Las ranas se reproducen a partir de los 3 años de edad.

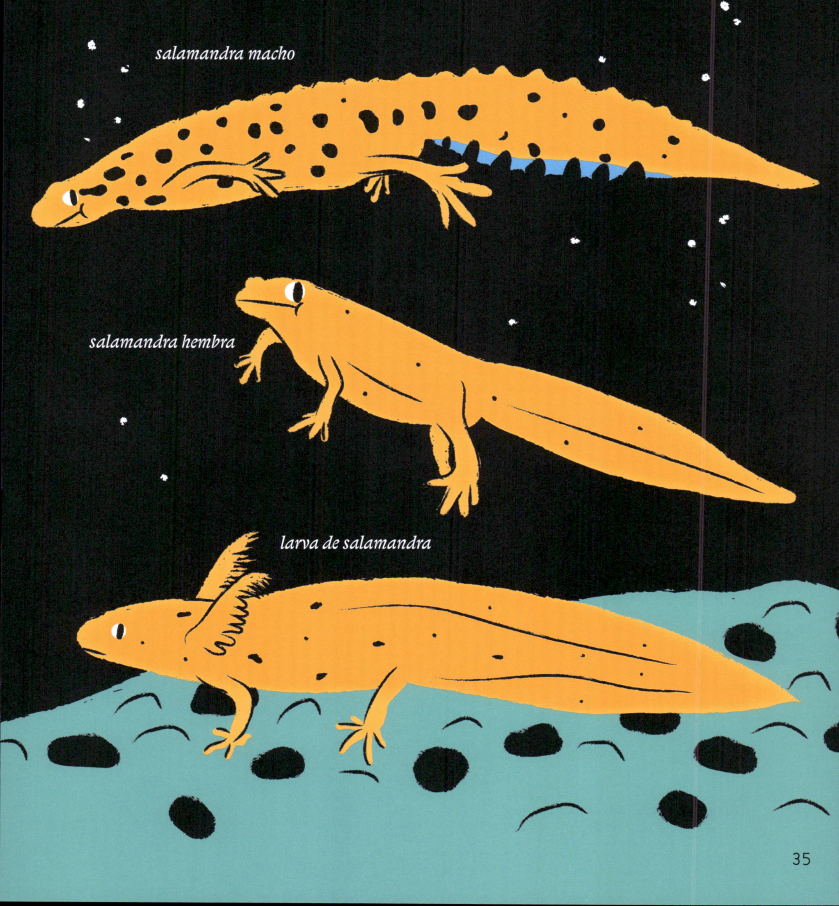

Los anfibios tienen una lengua pegajosa que en muchos casos puede proyectarse muy lejos de la boca. Esto les permite cazar insectos, su alimento favorito.

lengua "proyectil" de la salamandra

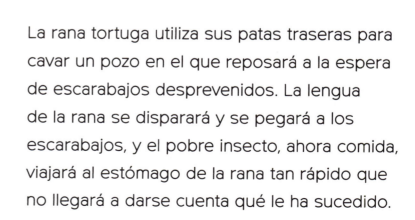

La rana tortuga utiliza sus patas traseras para cavar un pozo en el que reposará a la espera de escarabajos desprevenidos. La lengua de la rana se disparará y se pegará a los escarabajos, y el pobre insecto, ahora comida, viajará al estómago de la rana tan rápido que no llegará a darse cuenta qué le ha sucedido.

cobra real

Reptiles

Los reptiles fueron los primeros vertebrados en adaptarse a la vida en tierra firme, a pesar de que algunos parece que se arrepintieron y ahora solo viven en el agua. Independientemente de ello, los huevos de reptil se desarrollan mejor en ambientes secos. Al igual que los anfibios, los reptiles tienen sangre fría. Un buen modo de identificar a un reptil es observar sus patas y comprobar si tiene cinco garras. Pero ¡atención! las serpientes, que también son reptiles, no tienen patas y el modo que tienen para trasladar su cuerpo de un lugar a otro es arrastrándose.

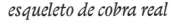

esqueleto de cobra real

Los reptiles poseen distintas formas y tamaños. Un cocodrilo de siete metros y un camaleón del tamaño de una moneda son ambos reptiles. Al ser tan diferentes, los hemos dividido bajo distintos nombres: lagartos (son aquellos que tienen cuatro patas y una cola), serpientes (no poseen patas) y tortugas (tienen caparazón).

• *tortuga gigante*

laticauda

A pesar de que las serpientes marinas viven debajo del agua, respiran a través de sus pulmones, como nosotros. Por esta razón, de vez en cuando deben salir a la superficie para respirar.

dragón volador en pleno vuelo

esqueleto de dragón volador

El dragón volador es el último reptil capaz de planear que queda en la Tierra. Para esto no necesita alas: puede hacerlo gracias a la membrana de piel elástica que tiene a los costados del cuerpo. Cuando salta desde un árbol, el dragón volador despliega sus membranas y planea por el aire como una cometa de papel. Los basiliscos no saben volar, pero la particular forma de sus patas traseras permite que ¡caminen sobre el agua!

basilisco verde

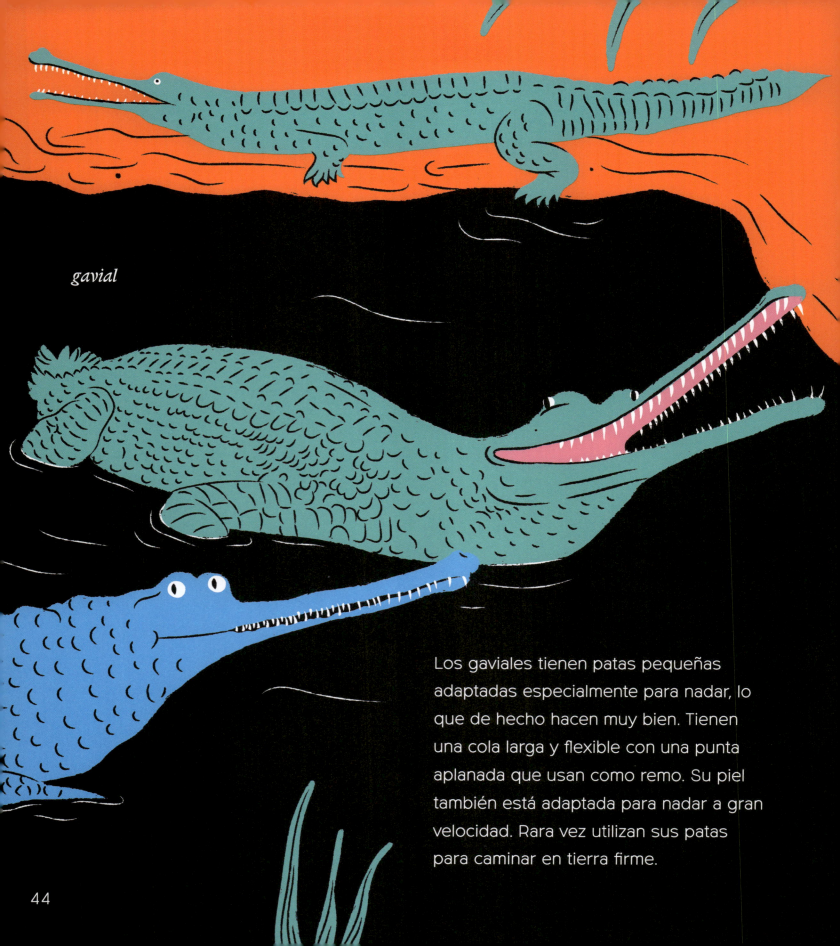

gavial

Los gaviales tienen patas pequeñas adaptadas especialmente para nadar, lo que de hecho hacen muy bien. Tienen una cola larga y flexible con una punta aplanada que usan como remo. Su piel también está adaptada para nadar a gran velocidad. Rara vez utilizan sus patas para caminar en tierra firme.

El diablo espinoso se llama así porque está recubierto de afiladas espinas. Así se asegura de no ser devorado por otros animales. A pesar de su aspecto, este reptil es totalmente inofensivo.

diablo espinoso

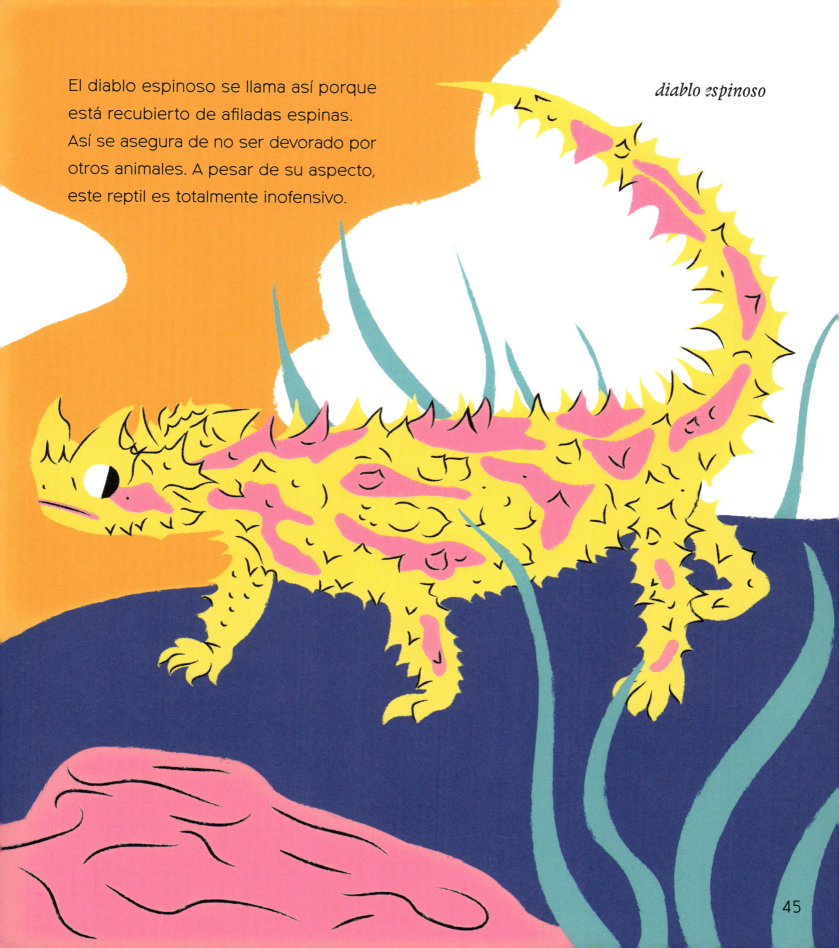

camaleón pantera

piel de un reptil a través de un microscopio

Muchos lagartos tienen unas pequeñas protuberancias en sus cuerpos. Es muy común que cambien su piel, en forma lenta y por etapas. Las serpientes, en cambio, mudan toda su piel de golpe, dejando tras de sí una **"serpiente vacía"** hecha de su antigua piel.

piel de una serpiente

Los camaleones tienen una piel especial que cambia de color. Muchas veces, el cambio depende de su humor: así le dan a entender a los de su especie lo que están dispuestos (¡o no están dispuestos!) a hacer. El camaleón también puede cambiar de color para camuflarse con su entorno, hasta prácticamente desaparecer.

gecko tokay

Los geckos tienen unas ventosas en los pies que usan para subir y bajar de los árboles. La mayoría de ellos ¡son unos insuperables trepadores! Por otro lado, los geckos, las tortugas y los cocodrilos son los únicos reptiles que producen sonidos. El llamado de un gecko suena como el ladrido fuerte de un perro.

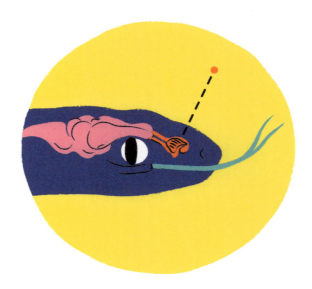

órgano de Jacobson de la serpiente

Como los reptiles son bastante sordos (las serpientes lo son por completo), dependen de su vista y olfato. Algunos (especialmente las serpientes) tienen un órgano, llamado órgano de Jacobson, que combina el gusto y el olfato. Gracias a esto, las serpientes pueden usar su lengua para distinguir diversos olores. Esto los puede guiar hacia una presa o prevenirlas de un posible peligro.

Salvo algunas pocas excepciones, los reptiles nacen de huevos. Algunos de estos huevos tienen una cáscara dura y otros, blanda. Cuando nacen, los reptiles rompen el cascarón con un diente utilizado solo para ese fin, llamado diente de huevo. Al cabo de un tiempo, ese diente se cae, ¡como sucede con nuestros dientes de leche!

huevo de cocodrilo (duro)

huevo de serpiente (blando)

tercer ojo del tuátara

El tuátara tiene un tercer ojo atrofiado en la parte superior de su cabeza con el que no puede ver. Su función es la misma que la del tercer ojo de la rana: indicarle cuánta luz hay en el exterior.

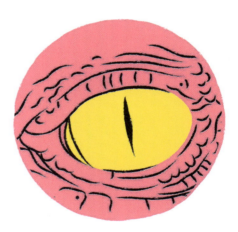

pupila angosta y vertical

Los reptiles tienen buena vista y sus ojos tienen un tercer párpado. La forma de sus pupilas varía según las diferentes especies. Las serpientes nocturnas tienen pupilas angostas y verticales, mientras que las serpientes diurnas las tienen redondeadas. Las serpientes nocturnas necesitan estas pupilas angostas para no quedarse ciegas si llegan a despertarse durante el día. Una pupila de esa forma evita que entre excesiva luz por el ojo.

pupila redondeada

cocodrilo del Nilo

Aunque los cocodrilos viven dentro del agua, cazan fuera de ella. Sus ojos y orejas se encuentran en la parte superior de la cabeza para poder permanecer debajo del agua mientras ven y escuchan lo que sucede en la superficie.

Aves

Las aves son los primeros vertebrados de sangre caliente que aparecen en este libro. Tener sangre caliente significa que pueden cambiar la temperatura de su cuerpo para adaptarse al entorno. Gracias a esta característica podemos encontrar aves en cualquier parte del mundo. Muchas aves tienen la gran ventaja de poder volar; en lugar de patas delanteras, cuentan con alas. Las aves pueden volar grandes distancias a alta velocidad. El halcón, por ejemplo, puede alcanzar una velocidad de 350 km/h. Al ser un ave de rapiña, necesita descender hacia su presa desde grandes alturas, una tarea que le resulta sencilla gracias a sus alas puntiagudas y agudos sentidos. ¡Un halcón puede ver desde el cielo a un ratoncito en medio de un campo!

esqueleto de halcón peregrino

halcón peregrino

El colibrí no es un ave cazadora. Por el contrario, se alimenta del néctar de las flores. Cuando un colibrí agita sus alas, lo hace para poder permanecer quieto en el lugar. El aleteo es tan rápido que ni siquiera vemos sus alas moverse. Esto es posible gracias a los fuertes músculos de su pecho. Todas las aves capaces de volar tienen ese tipo de músculos, además de un esqueleto fuerte y liviano a la vez.

lengua y músculos pectorales del colibrí

Las aves son muy livianas ya que tienen pulmones pequeños y gran parte de su respiración se produce en múltiples sacos aéreos. Estos elevan el cuerpo de las aves, regulan su temperatura y les permiten emitir diferentes sonidos. Las aves tienen un órgano vocal para producir sonidos llamado siringe, gracias al cual se pueden comunicar de variadas formas: desde un suave piar hasta imponentes y magníficos cantos.

pulmones y sacos aéreos de las aves

siringe

En el pingüino, la evolución hizo que las alas se convirtieran en aletas. La membrana que tiene entre los dedos de sus patas le permite ser el nadador más veloz de todas las aves: puede alcanzar una velocidad de hasta 30 km/h (unas tres veces más rápido que el nadador humano más veloz).

esqueleto de pingüino papúa

pingüino papúa

Los paleognatos tienen las alas atrofiadas, pero las compensan con fuertes piernas. Estas les permiten correr muy rápido. Los avestruces africanos alcanzan una velocidad de hasta 90 km/h, la velocidad promedio de un coche.

avestruz

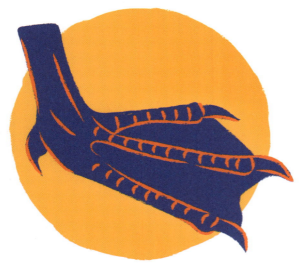
pata membranosa de un ave acuática

pata de un ave de rapiña

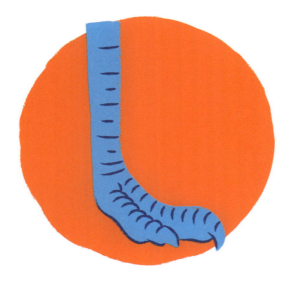
pata de un paleognato, con un dedo trasero menos

pata de un pájaro carpintero

Las patas de las diferentes especies de aves se fueron adaptando a sus entornos. La mayoría de las aves tienen patas con cuatro dedos que cambian de posición según la necesidad: cazar, nadar, correr o trepar.

pájaro carpintero norteamericano

esqueleto y lengua de pájaro carpintero norteamericano

El pájaro carpintero se aferra a los árboles con sus patas y se ayuda con la cola, que le da estabilidad y mayor apoyo a la hora de hacer agujeros en el tronco con su pico. Su larga lengua le permite sacar escarabajos y larvas de estos agujeros para poder alimentarse. Para ello, el cuello del pájaro carpintero debe ser largo y su cabeza, fuerte.

Seguramente has visto palomas alguna vez, ¿pero las has visto alimentar a sus crías? Las aves (incluidas las palomas) tienen una bolsa especial en la garganta, llamada buche, donde almacenan alimento predigerido para sus pichones.

palomas domésticas

Para alimentarse, los pelícanos se zambullen en el agua, abren su pico y atrapan peces como tú podrías pescar los fideos de la sopa. Luego, los almacenan en el gran buche que tienen debajo del pico. Esto es similar a lo que hace un pescador con su red.

pelícano blanco con peces en el buche

Otra ave acuática es el ganso. Este recolecta el alimento con su pico especialmente adaptado para filtrar líquidos. Otra adaptación que tiene esta ave se encuentra en sus plumas: para flotar en el agua, gansos, patos y otras aves acuáticas engrasan sus plumas evitando así la absorción de agua y permanecer secos.

Las plumas mojadas pesan mucho y un pájaro con plumas mojadas simplemente no volará bien. ¿Por qué? Porque las plumas son muy importantes para las aves y su vuelo. Tanto así que deben cambiarlas a menudo. Los gansos cambian todas sus plumas a la vez y hasta que no vuelven a crecer, no pueden volar. Es un hecho: ¡nunca verás volar a un ave mojada o desplumada!

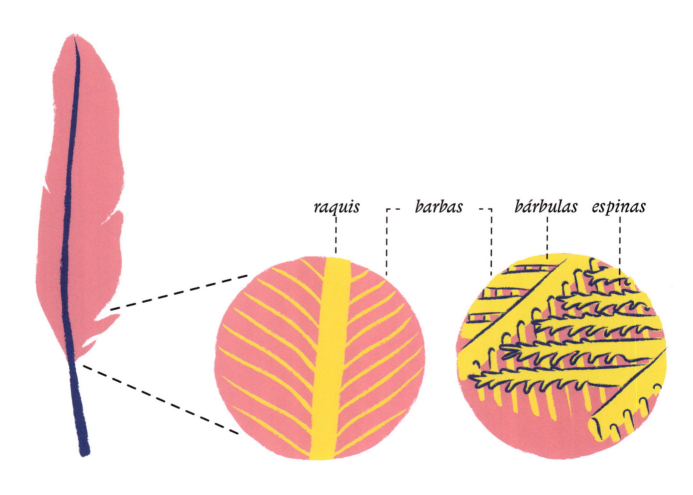

pluma de un ave

la pluma está compuesta por un raquis y barbas

las barbas de una pluma están formadas por bárbulas y espinas

ganso doméstico

esqueleto de kiwi con huevo

El kiwi es endémico. Esto significa que todos los de su especie viven en el mismo lugar: Nueva Zelanda. Al no tener depredadores, los kiwis se relajaron y, con el tiempo, dejaron de volar. Al igual que todas las demás aves, nacen de huevos. Como los huevos de los kiwis tienen mucha yema, estos son bastante grandes. La yema se transforma en un embrión que luego se convertirá en un pichón. Debido a esta gran cantidad de yema, los kiwis recién nacidos son particularmente grandes. Nadie sabe por qué sucede esto, ¡pero a los kiwis no les importa demasiado!

un embrión de kiwi tarda entre 65 y 90 días en formarse

jirafa reticulada

Mamíferos

Los mamíferos también son animales de sangre caliente. En la mayoría de los casos tienen cuatro patas, una cabeza, una cola y un cuerpo recubierto de pelo o piel. A diferencia de otras criaturas que aparecen en este libro, los mamíferos recién nacidos se alimentan de la leche de su madre. Luego crecen y se transforman en seres de formas extrañas y de diversos tamaños. Podemos encontrarlos por todo el mundo: en el agua, en el aire, arriba y debajo de la tierra, incluso en tu propia casa. Sus cuerpos se adaptan al ambiente: por ejemplo, la enorme jirafa tiene un cuello largo para poder alcanzar las hojas de los árboles bajo el calor extremo de África. Pero al igual que todos los otros mamíferos, la jirafa tiene solo siete vértebras en su cuello... ¡como tú y yo!

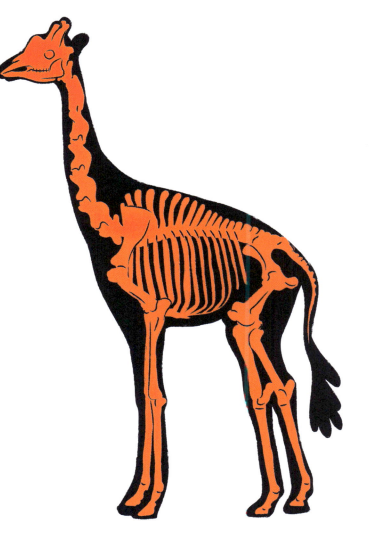

esqueleto de jirafa reticulada

Como las nutrias marinas viven en el agua, tienen patas traseras membranosas y parecidas a aletas que les permiten nadar muy bien. Sus patas delanteras son hábiles, y las utiliza para capturar a sus presas (invertebrados marinos y peces), y para utilizar herramientas, como una piedra para abrir almejas, ¡su comida favorita!

patas delanteras

nutrias marinas

cráneo de hiena moteada

Las hienas son carroñeras. Los animales carroñeros se alimentan de los restos desechados por otros predadores, así que no son muy quisquillosos con lo que comen. Por suerte, las hienas tienen unas mandíbulas muy poderosas que les permiten comer cualquier tipo de sobras, incluidos los huesos.

hiena moteada

Con el paso del tiempo, la evolución hizo que las patas de las focas se convirtieran en aletas, pues ¡se pasan todo el día en el agua! Las orejas y nariz tienen unas solapas especiales para que no les entre agua.

foca moteada

Algunos mamíferos pueden volar. El mamífero más grande del mundo capaz de volar es el megamurciélago. Cuando expande sus alas llega a tener hasta 1,70 metros de punta a punta, aproximadamente la altura de una de las autoras de este libro.

megamurciélago volando

megamurciélago durmiendo

71

puercoespín

ciervo (con astas)

Como ya sabemos, la mayoría de los mamíferos están cubiertos de piel o pelo. Muchos de ellos mudan su pelaje con el cambio de estación. Si tienes como mascota a un gato o un perro, seguramente lo has notado. El pelo de los mamíferos tiene variadas formas. En algunos animales -el erizo o el puercoespín, por ejemplo-, evolucionó en espinas. Y de la piel de algunos animales salen cuernos o astas.

vaca (con cuernos)

Los mamíferos hacen la digestión en el estómago, que se sitúa en el abdomen. Las vacas, y otros rumiantes, tienen más de un estómago. Para ser exactos: ¡cuatro!

vaca

toro

chimpancé

Todos los mamíferos tienen bien desarrollados los sentidos del oído, la vista, el olfato, el tacto y el gusto, aunque estas habilidades varían según la especie y de acuerdo a sus necesidades. Por ejemplo, un mono como el de la página anterior reconoce qué fruta está madura según la intensidad del color y gracias a las papilas gustativas de su lengua.

Aunque la forma de las orejas de los mamíferos varía mucho, todas tienen una cóclea con huesecillos, un tímpano, un martillo y un yunque. Esto les permite oír lo suficientemente bien para percibir el zumbido de un escarabajo, el soplo del viento, el piar de los pájaros y, también, la música. Para comunicarse, los mamíferos producen sonidos: cuando el aire que pasa a través de la laringe hace vibrar las cuerdas vocales. Tú también has aprendido a hacer esto y lo haces tan bien que puedes hablar y cantar en diferentes idiomas. No nos olvidemos de que nosotros también somos mamíferos. ¿Ponemos a prueba nuestros sentidos con una manzana? Mordámosla, escuchemos su crujido, saboreemos su gusto (¿dulce? ¿ácido?) y sintamos su aroma. Observemos su color y forma, y percibamos cómo se siente al tocarla.

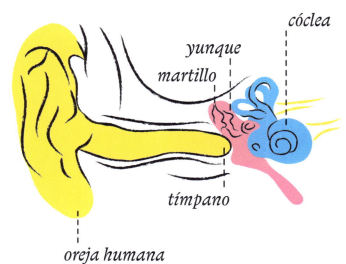

oreja humana

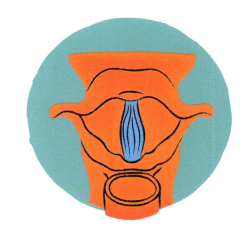

cuerdas vocales cerradas – silencio

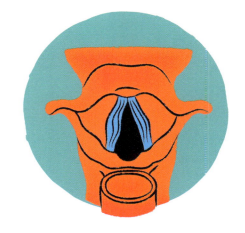

cuerdas vocales abiertas – ¡sonido!

La voz más fuerte de todas es la de la ballena. Su canto puede viajar por muchos kilómetros a través del océano. La ballena es un mamífero acuático. A diferencia de los peces y de los peces cartilaginosos, a los que se parecen en algunas cosas, las ballenas tienen que subir cada tanto a la superficie para poder respirar.

ballenas azules
(las criaturas más grandes del planeta Tierra)

Las crías de los mamíferos crecen en la panza (más precisamente, en el útero) de su mamá. Al nacer, los mamíferos conocidos como marsupiales permanecen ocultos por bastante tiempo en un pliegue de la piel de la madre llamado marsupio. Allí completan su desarrollo. El canguro australiano, por ejemplo, permanece en el marsupio aproximadamente ¡8 meses después de su nacimiento!

canguro y su cría

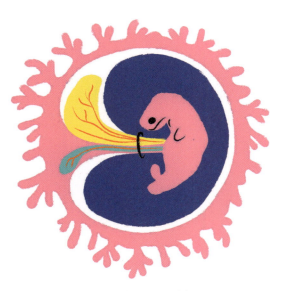

embrión de mamífero

embrión de reptil

El embrión de los mamíferos se desarrolla en el vientre de la madre, no adentro de un huevo, como sucede con las aves. Una excepción interesante es el caso del ornitorrinco, que pone huevos como un ave, tiene pico igual que las aves, pero después de nacer ¡se alimenta de la leche de su madre!

ornitorrinco sobre sus huevos

Por supuesto, las cosas no son tan simples: el ornitorrinco no alimenta a sus crías dándoles de mamar como hacen los otros mamíferos. La hembra exuda leche por los poros de la piel del abdomen, y esta es lamida por sus crías. Además, el ornitorrinco es uno de los pocos mamíferos vivos que produce veneno. Si bien no es letal, es bastante doloroso y es almacenado en unos espolones que hay en sus patas traseras. Para conocer a un ornitorrinco tendremos que viajar al este de Australia.

pípala

Título original: *Obratní obratlovci*
Escrito por Tom Velčovský y Marie Kotasová Adámková
Ilustrado por Barbora Idesová

Traducido por Victoria Rusconi
Edición de Clara Huffmann
Maquetado por Christian Duarte

© Designed by B4U Publishing, 2022
member of Albatros Media Group
www.albatrosmedia.eu
Todos los derechos reservados.
© 2022 Adriana Hidalgo Editora / pípala

Primera edición: octubre 2022
ISBN: 978-84-19208-37-8
Depósito legal: M-18060-2022

Impreso en Novoprint.

El interior de este libro ha sido fabricado con papel certificado FSC®.